LES
USAGES RURAUX ET URBAINS

DU

CANTON NORD-EST D'ANGERS

PAR

GUSTAVE JOUSSE

En vente dans toutes les Librairies d'Angers.

ANGERS

IMPRIMERIE-LIBRAIRIE GERMAIN ET G. GRASSIN
RUE SAINT-LAUD

1886

LES
USAGES RURAUX ET URBAINS

DU

CANTON NORD-EST D'ANGERS

PAR

GUSTAVE JOUSSE

En vente dans toutes les Librairies d'Angers.

ANGERS

IMPRIMERIE-LIBRAIRIE GERMAIN ET G. GRASSIN
RUE SAINT-LAUD
—
1886

PRÉFACE

L'article 1159 du Code civil dit : « Ce qui est *ambigu* s'interprète par ce qui est *d'usage* dans le pays où le contrat est passé. » Et l'article 1160 : « On doit suppléer dans le contrat les clauses qui y sont d'usage, quoiqu'elles n'y soient pas exprimées. »

Or, il existe dans chaque canton, dans chaque commune même, des usages dits locaux qui servent de base, depuis un temps immémorial, à tous les contrats passés entre particuliers.

Mais, il y a peu de temps encore, ces usages n'étaient pas parfaitement définis. Aussi M. le Ministre de l'Intérieur invita-t-il, par une circulaire en date du 26 juillet 1844, MM. les Préfets à consulter les Conseils généraux sur l'opportunité de faire constater et recueillir, dans l'intérêt des services administratifs et des tribunaux, les usages locaux auxquels se réfèrent diverses dispositions législatives.

Une Commission, formée d'hommes compétents, fut nommée dans chaque canton et tint séance sous la présidence du juge de paix.

La Commission du canton Nord-Est d'Angers était composée comme suit :

MM.

Audio, ancien notaire à Pellouailles ;

Gaillard, agent-voyer en chef du département de Maine-et-Loire ;

Launay, expert au Plessis-Grammoire ;

Paimparé, ancien notaire et expert à Angers ;

Guibourg, juge de paix du canton ;

Mestayer, notaire, suppléant de la justice de paix ;

Louis Tavernier, publiciste.

Cette Commission se réunit à Angers longtemps après la circulaire ministérielle et le procès-verbal rédigé et signé par cette Commission est en date du 28 juillet 1857.

En consultant les documents qu'on a bien voulu nous communiquer pour la rédaction de ce modeste volume, nous avons été frappé des changements survenus dans les usages, surtout en ce qui concerne les assolements. Cependant il nous a paru impossible de faire aucune modification. Nous avons donc accepté les usages tels qu'ils ont été déterminés par la Commission officielle.

Suivant la méthode adoptée par MM. Robert et Gasté, avocats à la Cour d'appel d'Angers, et auteurs d'un *Dictionnaire des usages ruraux et urbains* (1) des départements de la Sarthe, de la Mayenne et de Maine-et-Loire, nous avons classé nos *usages* par ordre alphabétique et sous la forme d'un dictionnaire. Cela évitera des recherches.

Nous tenons à remercier ici MM. Robert et Gasté, qui ont bien voulu nous autoriser à puiser dans leur excellent livre des renseignements que nous n'avons pas trouvés dans les

---

(1) Cet ouvrage est complètement épuisé.

procès-verbaux de la Commission officielle et que ces deux auteurs s'étaient procurés après une tâche longue et ingrate.

Notre travail n'est donc, pour ainsi dire, qu'une répétition de leur publication dont l'édition a été trop tôt épuisée et qui, malheureusement, n'était pas à la portée de toutes les bourses.

Nous n'avons pas la prétention d'avoir fait une œuvre irréprochable : des omissions et des erreurs s'y trouvent probablement ; mais nous avons essayé de remplir le mieux possible la tâche suivante : rendre des services à la classe si intéressante des cultivateurs.

Aussi nous espérons que notre modeste ouvrage sera bientôt entre les mains de tous les intéressés du canton Nord-Est d'Angers. Puisse-t-il éviter les différends qui s'élèvent souvent entre voisins, entre locataires et propriétaires, ne connaissant pas leurs droits réciproques !

Ce 20 août 1886.

GUSTAVE JOUSSE.

USAGES RURAUX ET URBAINS

DU

CANTON NORD-EST D'ANGERS

A

Abeilles (en fuite). — « Le propriétaire d'un
« essaim a le droit dé le réclamer et de s'en
« ressaisir tant qu'il n'a pas cessé de le pour-
« suivre ; autrement l'essaim appartient au pro-
« priétaire du terrain sur lequel il est fixé. » (Loi
du 28 septembre et 6 octobre 1791, art. 5.)

Dans les colonies partiaires, les abeilles restent
en totalité au colon, à moins qu'elles n'aient été
placées sur la ferme par le propriétaire et qu'elles
ne soient immeubles par destination.

Ajoncs. — La consommation des ajoncs doit se
faire sur place, et le fermier ne peut ni les vendre
ni les enlever.

Arbres et arbustes. — *Droit d'abattage.* — Ce
droit est interdit au fermier. Il appartient au pro-

priétaire qui l'exerce, à son gré, sur tous les arbres de la ferme, avec certaines restrictions. Cependant indemnité est due, toujours et partout, au fermier pour les dommages occasionnés dans les clôtures ou dans les récoltes par la chute des arbres.

Cependant le propriétaire ne peut abattre les *taillables*.

Lorsque les arbres sont morts ou brisés, on les attribue au propriétaire.

Pour le remplacement de ces derniers dans les jardins non dépendants d'une maison, le proprié‑taire fournit les sujets nouveaux et le locataire les plante.

Ardoises. — La commission des Ardoisières d'Angers donne 104 ardoises pour cent.

Arrhes ou Denier-à-Dieu. — Les arrhes sont considérés comme un acompte sur le prix du gage.

Assolement. — On appelle assolement l'ordre qu'il est bon d'observer dans les cultures (1).

Les dessolements ou changements d'assolements ne peuvent avoir lieu qu'avec l'agrément du pro‑priétaire (2).

---

(1) Nous n'insisterons pas sur l'assolement. A notre avis, les assolements relevés par les commissions cantonales ne doivent plus faire loi. Les progrès de l'agriculture se sont fort étendus et on doit laisser une large place aux sages innovations qu'on ne saurait trop encourager.

(2) Par exception, le fermier est autorisé à semer des céréales d'hiver là où les céréales de printemps n'ont pas réussi.

Dans les métairies, l'assolement est biennal et triennal.

Les terres volantes sont cultivées par le fermier comme bon lui semble ; mais il ne peut en changer la nature.

Avoine. — Les pailles se partagent : un tiers au sortant, deux tiers à l'entrant.

B

Bail verbal (dates). — Pour les maisons, 24 juin ou 1er novembre. Pour les métairies, 1er novembre.

Bail verbal (durée). — Pour les métairies, deux ans ; pour les closeries, un an ; pour un jardin isolé, un an ; pour une maison entière, un an ; pour les terres volantes, un an.

Baliveaux. — Jeunes arbres qu'on réserve dans la coupe des bois-taillis.

Les baliveaux doivent être de l'âge de la coupe et désignés par le propriétaire. Si c'est le fermier qui les choisit, il doit faire choix des plus beaux pieds, espacés convenablement sur l'ensemble du terrain.

Barrières, échaliers ou claies. — L'entretien en est dû par le fermier.

Bestiaux. — Dans les colonies partiaires, à la fin du bail, les bestiaux sont divisés en deux lots acceptés à l'amiable ou tirés au sort.

Dans les colonies partiaires, le nombre des élèves est fixé par le propriétaire.

Le colon partiaire ne peut employer ses bestiaux hors la ferme sans le consentement du propriétaire.

Les bestiaux sont fournis moitié par le colon, moitié par le propriétaire.

Le métayer doit avoir une tête de bétail par un hectare soixante ares.

Dans la colonie partiaire, la race est choisie par le propriétaire.

Bois de feu. — Le bois mort ou brisé appartient au propriétaire.

C

Castration. — Dans la colonie partiaire, la castration se pratique à quinze mois.

Cendres et Charrées. — La consommation se fait sur place comme engrais : le fermier ne peut ni les vendre ni les enlever.

Changements apportés à la propriété. — Si ces changements portent des préjudices au colon et troublent sa jouissance, le propriétaire lui doit une indemnité.

Chardons. — La destruction des chardons est faite par le fermier qui est tenu d'exécuter tous les règlements relatifs à cette destruction.

Charrois. — S'il n'existe pas de conventions spéciales, le fermier n'est tenu à aucun charroi à l'égard du propriétaire.

Chasse. — Le droit de chasse appartient au propriétaire, à moins de conventions contraires écrites.

Chaumes. — La coupe des chaumes doit être faite par l'entrant, qui les ramasse et les conduit à la ferme.

Leur hauteur est de 0m33, sans distinguer la nature des récoltes.

Le chaume se partage avec l'entrant; celui-ci prend deux tiers, le sortant un tiers et, lorsque ce dernier n'a pas fait consommer sa part, il la laisse sur le lieu.

Chaux. — On doit en mettre 30 hectolitres à l'hectare. Cependant l'emploi en est facultatif.

Cidres. — Le fermier doit le charroi du cidre au domicile du propriétaire ou au lieu qu'il lui a indiqué.

Closerie. — On appelle de ce nom les exploitations de moins de sept hectares.

Congé. — *Epoque à laquelle il faut donner congé.* — Pour une cave seule, 3 mois. Pour les chambres garnies louées au mois, quinze jours à l'avance. Pour les chambres garnies louées à l'année, six mois à l'avance. Pour une chambre à feu, trois mois. Pour plusieurs chambres à feu, six mois, Pour une seule chambre à feu, avec grenier et cave, six mois. Pour une seule chambre à feu, avec jardin, six mois. Pour les closeries, six mois. Pour les fermes, un an si elles sont grandes, six mois si elles sont petites. Pour un grenier, trois mois. Pour jardins avec maison, six mois (1). Pour un magasin ou un local servant de magasin, trois mois. Pour une maison entière, six mois. Pour les terres volantes sans maison, le congé n'est pas nécessaire (2).

Cours d'eau. — L'entretien est à la charge du fermier.

Cribleur. — (Colonie partiaire.) Son salaire est payé par moitié.

D

Déchets. — Les déchets de bois et copeaux provenant des bois des réparations, réfections et reconstructions sont laissés au fermier qui doit en donner aux ouvriers pour tremper la soupe.

Déménagement. — (Héritages ruraux.) On accorde au fermier sortant jusqu'au lendemain, à midi, du jour de l'expiration du bail. L'entrant peut emménager dès le jour même.

Deuil. — Les vêtements de deuil donnés aux domestiques restent leur propriété lorsqu'ils ont été portés pendant toute la durée du deuil ; sinon, ils sont remis au maître pour servir aux nouveaux domestiques.

---

(1) Si le jardin est considéré comme l'objet principal de la location, c'est un an.
(2) Lorsqu'il est donné néanmoins, c'est ordinairement le 31 octobre.

Direction de l'exploitation. — Dans la colonie partiaire, elle appartient au propriétaire. C'est lui qui choisit les animaux à acheter, à vendre, à échanger ; qui fixe la nature des races, la quantité des élèves ; qui indique quels mâles seront châtrés, quelles femelles seront saillies ; qui détermine la forme des labours, le genre et l'étendue des cultures, etc.

Domestiques. — On distingue, pour les usages, deux sortes de domestiques :

1º Les serviteurs attachés à la personne, comme valets de chambre, femmes de chambre, cochers, cuisinières, etc. ; on les appelle domestiques personnels ;

2º Les serviteurs attachés à l'exploitation agricole : tels sont les garçons et les filles de ferme, les bouviers et les vachères, etc. (1).

L'apprentissage n'est pas un motif admissible de résiliation.

La durée du louage est d'un an complet à partir du 24 juin.

Si le domestique s'engage dans l'armée volontairement, ce motif ne le délie pas vis-à-vis du maître.

Dans le cas de résiliation avant l'exécution du contrat de louage, il y a lieu à une indemnité. Si cette résiliation se fait plus de 24 heures après le marché, le maître perd le denier-à-Dieu simple si

---

(1) Nous désignerons dans le cours de cet article fort détaillé les premiers par cette abréviation (dom. pers.), lorsqu'il s'agira exclusivement de ces domestiques.

**

la rupture vient de lui, et le domestique qui la provoque rend le denier-à-Dieu double (2).

Après l'entrée en service, au cours du contrat, dans tous les cas de résiliation, qu'elle provienne du maître ou du domestique, il y a lieu à une indemnité arbitrée par le juge de paix.

Le louage peut être résilié de part ou d'autre sans indemnité, en se prévenant huit jours d'avance (dom. pers.).

Le mariage n'est pas une cause suffisante de résiliation.

En cas de mort du maître, le domestique peut ou se retirer ou offrir ses services au fermier successeur. Si le successeur les refuse, le domestique a droit de demander aux héritiers de son maître des dommages-intérêts. Si le successeur est en même temps l'héritier, le contrat de louage continue sans modification.

Dommages-intérêts. — Le fermier sortant doit des dommages-intérêts pour tous les dégâts commis dans la ferme, pour tous les torts causés à l'exploitation par malice ou par négligence, pendant toute la jouissance, sans pouvoir pourtant remonter au-delà des neuf dernières années.

Ces dommages-intérêts sont prescrits, c'est-à-dire qu'on ne peut plus les réclamer au fermier un an après sa sortie.

---

(2) Dans les 24 heures du marché, aucune indemnité n'est due. En tous cas, si la résiliation est voulue par le domestique sans raisons admissibles, il rend les arrhes.

E

Echalas. — Le fermier est tenu d'entretenir les échalas.

Echenillage. — Le fermier doit exécuter tous les règlements administratifs relativement à l'échenillage.

Egoûts des toits. — Ils emportent la propriété du fonds sur lequel ils tombent.

Elagage ou émondage. — L'élagage pour le bois dur a lieu à sept ou neuf ans, et pour le bois blanc à cinq ans (1).
L'émondage doit se faire du 1er novembre au 20 mars.
Les émondes appartiennent au fermier.
Le fermier doit ménager les renaissances et les jeunes arbres ; il ne peut les élaguer et les étêter sans l'ordre formel du propriétaire.

Engrais. — Sont considérés comme engrais naturels toutes les litières et tous les fourrages.

Epines et broussailles. — Leur coupe se fait à quatre ou cinq ans.

Etables et écuries. — Le récrépiment des murs est à la charge du fermier jusqu'à 1^{m}50 de hauteur.

---

(1) Généralement, s'il y a mélange d'essences, la règle est imposée par l'essence qui prédomine.

Etalons. — Dans la colonie partiaire, le choix des étalons est réservé au propriétaire.

Les frais de saillie sont supportés par moitié.

Etat des lieux. — L'état d'entrée est dressé à l'entrée en ferme. Les frais sont supportés moitié par le propriétaire et moitié par le fermier.

Si l'état des lieux n'a pas été dressé dans le délai d'un an à compter de l'entrée en jouissance, les frais sont tous supportés par le propriétaire.

Exploitation. — (Colonie partiaire.) Les frais de l'exploitation sont tous à la charge du colon, excepté certains frais supportés par moitié, comme ceux de saillie, de péage, d'engrais, etc. (1).

Les travaux d'exploitation sont tous exécutés par le colon.

F

Faînes, feuilles, gazons, glands, mousses. — On ne peut les enlever ; on doit les laisser sur place comme engrais. Toutefois, le fermier est autorisé à ramasser les glands.

Faisances ou redevances en nature. — Les faisances peuvent être reportées sur une autre année, sauf les charrois.

Fermages. — Le paiement des fermages a lieu à deux fois, moitié à la Saint-Martin, moitié à la Fête-Dieu. Mais, la dernière année, le paiement

---

(1) On trouvera ces exceptions en temps et lieu.

se fait en entier le 1er novembre (1). Il se fait au domicile du propriétaire ou au lieu qu'il indique.

Fermiers généraux. — Ils sont substitués à tous les droits du propriétaire vis-à-vis des fermiers ou colons de détail.

Foins. — La consommation se fait sur place. Le fermier ne peut ni vendre, ni enlever ses foins, pendant le cours et à la fin de son bail. Cette règle n'est pas obligatoire pour les closeries ou borderies.

Le fauchage doit se faire le plus ras possible sous peine de dommages-intérêts. Il se fait à faux courante.

Dans les prés naturels, les foins doivent être récoltés fin juin.

Dans les prés artificiels, la récolte se fait vers le 15 mai.

Le sortant a le droit de faire consommer le tiers des foins naturels pris dans les prés bons ou mauvais.

Pour les foins artificiels, un tiers revient au sortant, deux tiers à l'entrant.

Le sortant et l'entrant, dans la récolte des foins, font chacun les travaux que nécessite leur part de fourrages.

Foires et marchés. — La conduite des bestiaux d'une colonie partiaire est à la charge du colon qui en supporte tous les frais.

---

(1) Dans tous les cas, le paiement de l'année de sortie doit se faire avant l'enlèvement des meubles.

✱ ‹✱

Les droits de péage sont à la charge du colon seul.

Fossés. — Curage à vieux fonds et vieux bords. — Le fermier doit faire ce curage lors de la coupe du bois émondable du taillis et de la réparation des haies ; plus souvent même s'il en est besoin. L'époque de ce curage est la même que celle fixée pour l'émondage et la coupe des taillis.

Les terres provenant du curage servent à réparer les brèches faites aux lits ou lisières, et le surplus est employé en compost. On en augmente la masse des engrais.

L'inclinaison des fossés doit être de 45 degrés.

Les fossés des terres arables et des vignes doivent avoir 1ᵐ 33 d'ouverture.

Le fermier est passible de dommages-intérêts s'il n'a pas fait, en temps utile, la réparation des fossés.

Le fermier doit aussi l'entretien des rigoles.

Fosse à fumier. — Il faut élever entre la fosse et le mur voisin un contre-mur d'une épaisseur convenable.

Entre la fosse et un puits, le contre-mur doit être en pierres dures avec mortier de chaux.

Fourmilières et taupinières. — Le fermier doit les raser et les étendre sur le sol deux fois par an.

Froment. — Un tiers des terres arables doit être ensemencé en froment ou seigle ou méteil.

Fruits. — (Colonie partiaire.) Les fruits de la ferme se partagent par moitié entre le propriétaire et le colon.

Si les fruits sont tombés sur la propriété du voisin, ils restent au propriétaire de l'arbre qui les a produits et ils sont toujours recueillis par lui.

G

Gages. — Dans la colonie partiaire, les gages des domestiques sont acquittés exclusivement par le colon.

En sus de la somme d'argent, il est d'usage, dans certains cantons, d'accorder aux domestiques de ferme, surtout aux femmes, une certaine quantité de toile qui fait partie des gages.

Si cette toile n'est pas payée en nature le jour de la sortie, et si le prix n'en a pas été fixé d'avance, elle est remboursée à raison de 2 fr. les 120 centimètres.

Genêts. — La consommation des genêts se fait sur place. Le fermier ne peut ni les vendre, ni les enlever, pendant le cours ou à la fin de son bail.

Gourmands. — La destruction annuelle des gourmands est obligatoire pour le fermier ou colon.

Grains (gros). — Dans les terres soumises à l'assolement biennal, on ensemence en gros grains les deux tiers des terres arables.

Dans les terres soumises à l'assolement sexennal, l'étendue ensemencée en gros grains est d'un tiers des terres arables. Pour les menus grains (assolement biennal), la partie ensemencée est d'un quart des terres arables.

Greffer. — En général, le droit de greffer est interdit au fermier.

Gui. — La destruction du gui est obligatoire et à la charge du fermier ou colon.
Cette destruction se fait pendant l'hiver.

H

Haies. — Les haies des taillis se coupent en même temps que les taillis.
Le propriétaire a toujours le droit de planter des haies nouvelles, ou d'arracher les anciennes, et le fermier ne peut s'en plaindre qu'au cas où les travaux nécessités par ces changements causeraient un dommage réel à ses labours, ensemencés et récoltes.
L'entretien et les réparations des haies sont à la charge du fermier et se font au moment de la coupe, en temps convenable.
La propriété de la bande de terre laissée entre la ligne séparative et la plantation de la haie demeure au propriétaire de la haie.

Hersage. — Deux hersages sont nécessaires : le premier, un mois après le labour; et le second, avant de semer.

I

Impôts. — Les impôts fonciers, ordinaires ou extraordinaires, sont à la charge du propriétaire. Si le fermier les paye, il les retient sur son prix de ferme.

L'impôt des portes et fenêtres est à la charge du locataire.

Instruments aratoires. — Le fermier doit en posséder suffisamment pour répondre du prix de ferme et assurer une bonne exploitation.

Dans la colonie partiaire, la fourniture de ces instruments est faite en entier par le colon.

Ivraie. — Le fermier doit détruire l'ivraie avant la maturité des graines.

J

Jachères. — Dans les terres soumises à l'assolement triennal, on peut laisser un quart des terres arables en jachères (1).

L

Labours. — Les labours se font sur les jachères vers le 25 juin.

L'entrant peut commencer ses labours dès le 24 juin qui précède son entrée ; mais il ne peut labourer les jardins qu'à partir du 1er septembre.

---

(1) Voir la note relative aux assolements.

Lierre. — La destruction du lierre est obligatoire et à la charge du fermier. Sur les arbres fruitiers, elle doit se faire pendant l'hiver.

Litières. — L'emploi des litières doit se faire sur les lieux ; le fermier ne peut ni les vendre ni les enlever (1).

Loges. — Les loges restent au propriétaire sans distinction de leur forme ; cependant, si le fermier justifie avoir fourni tout ou partie à ses frais, le propriétaire a le choix ou de les laisser enlever ou de les retenir, en tenant compte de la valeur des objets fournis, à dire d'experts, au moment de la sortie.

Dans le cas où le propriétaire aurait fourni le bois nécessaire à leur édification, il conserve, sans indemnité envers le fermier, toutes les loges couvertes en bois, genêts, pailles ou chaumes.

Loyers. — Le paiement des loyers a lieu comme suit :

1° En deux termes égaux, la moitié à Noël, la moitié à la Saint-Jean, pour les maisons dont la jouissance commence le 24 juin.

2° La moitié, le 1er mai ; la moitié, le 1er novembre, pour les maisons louées à la Toussaint.

M

Maisons. — Dans les héritages urbains, le locataire doit le blanchiment à sa sortie. Ce blanchi-

---

(1) Cependant le fermier d'une closerie peut les enlever à sa sortie.

ment se fait au lait de chaux pour les maisons non tapissées ou peintes ; mais il est bien entendu qu'au cas de peinture ou de tapisserie, le locataire en doit l'entretien et les réparations.

Maréchal ferrant. — (Colonie partiaire.) Le salaire du maréchal ferrant est payé tout entier par le colon.

Pour les travaux du taillandier, le colon fournit le fer et l'acier. Les menues réparations sont payées par moitié.

Métairie ou grande ferme. — On nomme ainsi toute exploitation de plus de sept hectares.

N

Navets. — Les navets doivent être consommés sur place.

O

Oies. — Dans la colonie partiaire, les oies sont comprises dans le partage des fruits.

Ouvriers aux pièces (1). — Les ouvriers aux pièces, loués pour un temps fixé, sont soumis aux mêmes usages que les domestiques ruraux.

---

(1) Dans les grandes exploitations, comme les ardoisières, les mines, etc., ils sont soumis à des règlements particuliers dont nous n'avons point à parler.

P

Pailles. — La consommation des pailles doit se faire sur place. Le fermier ne peut ni les vendre ni les enlever pendant le cours ou à la fin du bail. Cependant, s'il s'agit d'une borderie ou closerie, ou de terres volantes, le fermier peut les emporter.

Dans la dernière année, les pailles sont partagées ainsi qu'il suit : deux tiers à l'entrant et l'autre tiers au sortant qui laisse sur le lieu ce qu'il n'a pas consommé.

Parelles. — La destruction en est obligatoire, avant la maturité des graines. Elle est à la charge du fermier.

Pas-de-bœuf, bordière, relit, sabottée, semelle, etc. — Sa largeur est de 0ᵐ33, pour les terres légères, et de 0ᵐ16 à 0ᵐ17 pour les terrains plus fermes.

Pêche. — Le droit de pêche est toujours réservé au propriétaire.

Pépinières. — Le fermier est tenu d'entretenir la pépinière qu'il trouve sur la ferme en entrant.

Aux environs d'Angers, les pépiniéristes prennent à ferme des terres qu'ils sèment et cultivent en arbres.

A la fin du bail, ils doivent laisser la terre défoncée et nette de mauvaises herbes.

Ils ne peuvent réclamer aucune indemnité pour les semis dont ils ne profitent pas.

Ils ont le droit d'enlever tous les arbres et arbustes qu'ils ont plantés.

Ils ne sont pas tenus de dommages-intérêts pour avoir retourné le sol, c'est-à-dire pour avoir rapporté les terres du fond à la surface ; ils ne sont pas astreints à la sortie de rétablir les terres dans leur état primitif.

Pierres. — Les pierres ramassées dans la ferme sont au propriétaire ; le fermier ne peut en disposer.

Plantations. (Arbres à basse tige.) — Les plantations sont libres et ne sont astreintes à aucune distance le long des eaux courantes, non navigables.

Le long des murs mitoyens, on peut planter et appuyer des arbres, à la condition de les tenir constamment taillés et palissés au-dessous du chapeau ou chaperon.

Le propriétaire fait à ses frais telles plantations que bon lui semble, en indemnisant le fermier de tout dommage causé aux ensemencés. Pour les plantations annuelles, qui sont dues sans indemnité par le fermier, il indique les endroits où elles doivent être pratiquées.

Toutes plantations d'arbres, sauf celles des sauvageons, sont interdites au fermier s'il n'a pas l'ordre ou l'autorisation du propriétaire.

Tous les jeunes arbrisseaux doivent être laissés vifs à la fin du bail. Cependant, si le fermier est obligé à planter annuellement un certain nombre d'arbres et qu'à sa sortie le nombre ne se retrouve pas, on lui accorde qu'il a pu en périr un tiers, dont il n'a pas à rendre compte.

Plantes fourragères. — La consommation des plantes fourragères se fait sur place et le fermier ne peut ni les vendre ni les enlever, tant à la fin que pendant le cours de son bail.

Plantes nuisibles. — Elles doivent être détruites avant la maturité des graines.

Pommes de terre. — Les fanes (tiges et feuilles) se partagent par moitié entre l'entrant et le sortant.

Prairies ou prés. (Naturels.) — La clôture des prairies naturelles a lieu le 1er mars.

La coupe ou fauchage se fait le plus ras possible.

Dans le cours du bail, le fermier est tenu d'épiner les prés. Il doit aussi les étaupiner et les nettoyer en février.

L'époque du pacage est fixée au 8 septembre.

Le pâturage du regain dans les prés communs a lieu à l'époque fixée dans chaque localité par l'autorité municipale.

Prairies ou prés (artificiels). — La clôture des prairies artificielles a lieu le 1er février.

Les autres usages sont les mêmes que pour les prairies naturelles.

Pressoirs. — Le fermier ou colon est tenu d'entretenir le pressoir à vin ou à cidre en bon état de propreté et de réparations locatives, et il est responsable de tous dommages causés par sa négligence.

Les réparations sont faites à la charge du fermier, chaque année, après que le pressoir ou le concasseur de pommes a servi.

Le bois des réparations est fourni *debout* par le propriétaire.

Prestations. — Les prestations sont toujours à la charge du fermier.

Dans la colonie partiaire, le colon doit la totalité des prestations.

Produits. — (Colonie partiaire). Tous les produits naturels et artificiels, excepté ceux qui doivent être consommés sur le lieu pour la nourriture du ménage et des bestiaux où pour l'amélioration du fonds, se partagent par moitié.

Le transport de la part du propriétaire se fait aux frais du colon, à l'époque indiquée, sans indication de distance.

Dans le cas de changement de colon, le transport est fait par le colon du moment où est due la prestation, et non par le colon sorti.

Puits commun. — La corde est entretenue par tous les ayants-droit. L'eau ne peut être employée à l'arrosage que du consentement de tous.

La corde et le chabut sont censés appartenir au fermier, et le treuil au propriétaire, qui doit le fournir.

R

Racines fourragères. — Toutes les racines fourragères telles que carottes, betteraves, navets, pommes de terre, sont considérées comme fourrages et ne peuvent être vendues ni enlevées, sauf quelques cas mentionnés dans les articles spéciaux à chaque espèce.

Râteliers. — L'entretien des râteliers est à la charge du fermier, sauf la destruction par vétusté.

Récolte. — Le battage se fait à la ferme.
Dans les travaux de la dernière récolte, le sortant ne doit de bâtiments à l'entrant qu'autant qu'il en a de libres.

Rejetons ou gourmands. — Le fermier doit les détruire soigneusement.

Renaissances. — Il est interdit au fermier de les détruire, élaguer ou étêter ; il doit les ménager et les protéger.

Réparations locatives (1). — Le fermier doit entretenir les biens loués en bon état de réparations locatives ; ces réparations, outre celles mentionnées dans l'article 1754 du C. C., comprennent :
L'entretien de l'aire, des maisons et greniers, soit en terre, soit carrelés ;
L'entretien du blanc ou de la tapisserie des maisons ;
L'entretien du carrelage des fours ;
Des couvertures en ardoises ou en paille ;

---

(1) Suivant l'article 1755, aucune des réparations n'est à la charge du fermier quand elles ne sont occasionnées que par vétusté ou force majeure.

Du sol des écuries, rues et issues établies à la hauteur du dessous du seuil des écuries et étables ;

Des échelles, râteliers, mangeoires, crèches, entre-deux, auges, lorsque ces objets ont été fournis par le propriétaire et dépendent du lieu ;

Des barrières, échalas, haies, fossés et rigoles ;

Des cours et chemins d'exploitation fermés et préalablement encaissés et macadamisés par le propriétaire ;

Du pressoir et de l'instrument à broyer les pommes ;

Des loges couvertes en paille ou en chaume ;

Des haies et fossés.

Ruches à miel. — Elles sont censées appartenir toujours au locataire ou fermier.

S

Sarclage. — Le fermier doit sarcler, sans aucune distinction de culture, en avril, mai et juin.

Toutes les récoltes doivent être sarclées convenablement ; les racines nuisibles doivent être soigneusement détruites avant d'avoir fructifié.

Si le fermier sortant n'a pas exécuté ces sarclages dans le temps d'usage, ils peuvent être faits à ses frais par l'entrant.

Sarrazin. — La paille se partage : un tiers au sortant, deux tiers à l'entrant.

Les chaumes sont coupés ras.

Semences. — (Colonie partiaire). La fourniture de la semence se fait par moitié entre le propriétaire et le colon.

Deux hectolitres (froment ou seigle) sont nécessaires par hectare. On tolère cependant un hectolitre quatre-vingts litres, du 15 octobre au 1er décembre.

Sorgho ou millet à balai. — Dans la commune de Villevêque, il est interdit d'en cultiver pendant la dernière année de jouissance.

T

Taillis. (Coupe, âge). — S'il y a un aménagement établi sur le lieu, le fermier doit le suivre ; sinon, il observe l'usage, sous peine de dommages-intérêts pour avance ou retard.

Si le taillis est compris dans un bail à ferme, la coupe se fait tous les neuf ans, et cela avant le 1er avril.

Le pacage dans les taillis est en principe strictement interdit.

Le fermier ne peut réclamer d'indemnité pour les sèves que leur âge ne lui a pas permis de prendre.

Tapisseries. — Si le locataire a reçu la maison tapissée, il doit la rendre dans le même état.

Taupinières. — Elles doivent être étendues deux fois par an.

Taupes. — Elles sont détruites le plus possible aux frais du fermier.

Taupier. — Dans la colonie partiaire, le salaire du taupier est payé, moitié par le propriétaire, moitié par le colon.

Terres volantes. — Le fermier les cultive comme bon lui semble, sans cependant changer leur nature.

Elles ne sont point sujettes aux droits de suite, et elles doivent être libres et sans ensemencé au moment de la sortie du fermier.

Le fermier coupe le bois et les épines aux mêmes époques que celles indiquées pour les corps de ferme.

Le fermier dispose comme il l'entend, même dans la dernière année de jouissance, des foins, pailles et autres produits récoltés sur les terres volantes.

Elles doivent être fumées dans la même proportion que les terres d'un corps de ferme.

Toitures. — Les réparations des couvertures en paille, chaume, roseaux ou genêts sont à la charge du fermier, qui doit fournir la main-d'œuvre et les matières.

Les couvertures en ardoises ou en tuiles sont aussi réparées par le fermier qui doit la main-d'œuvre et matériaux, à l'exception de la latte et de la volige (1).

Toits à porcs. — L'entretien du nivellement du pavage est à la charge du fermier.

---

(1) A condition toutefois que la partie découverte n'excède pas 33 centimètres, sauf le cas de malice ou négligence.

Trèfle. — La paille du trèfle gardé à graine se partage : un tiers au sortant, deux tiers à l'entrant.

Trempage de soupe. — Tous les déchets de bois employés aux réparations (y compris les copeaux et bois de chauffage) sont acquis au fermier qui abandonne ordinairement les copeaux aux ouvriers, dont cela paie le trempage.

V

Veaux. (Colonie partiaire). — Le sevrage des veaux a lieu à trois mois.

Vétérinaires et médicaments. (Colonie partiaire). — Ils sont payés moitié par le propriétaire et moitié par le colon.

Le choix du vétérinaire appartient au propriétaire.

Vignes. — Le vigneron façonnier ou tâcher doit suivre, pour tous les détails de la culture, les indications du propriétaire à peine de dommages-intérêts fixés par expert.

Si le propriétaire n'a pas pris la précaution de faire signer un engagement détaillé par son vigneron, celui-ci doit suivre l'usage du pays, et, dans le cas de négligence, d'avance ou de retard et d'abus quelconque, il paiera le préjudice causé au propriétaire.

Le fermier doit tenir les vignes en bon état; exécuter les façons prescrites par une bonne culture en temps et saisons convenables ; les rendre bien plantées.

Les provins doivent être fumés.

On doit faire 100 provins par hectare.

L'ouverture des raizes a lieu en mars ou en avril.

Le fermier d'une vigne doit remplacer les souches mortes.

Vin. — Le propriétaire paie 3 fr. par barrique de deux hectolitres trente litres au vigneron qui fait le vin.

Vitres. — L'entretien des vitres est à la charge du fermier, à moins qu'elles ne soient brisées par grêle ou accident de force majeure.

TABLE DES MATIÈRES

Angers, imp. Germain et G. Grassin. — 1417-86.

DU MÊME AUTEUR

Les Usages Ruraux et Urbains du canton
Sud-Est d'Angers.................................... » 50

Les Usages Ruraux et Urbains du canton
Nord-Ouest d'Angers.................................... » 50